LA CASA DEL SILENCIO

© MARIANO BRULL CABALLERO
EDICIONES CULTURA HISPANICA
Av. Reyes Católicos, s. n. Madrid
Depósito Legal M. 30.609 - 1976
I. S. B. N. 84 - 7232 - 125 - 8
Printed in Spain
TEYPE, S. A. - TORREJON DE ARDOZ (MADRID)

MARIANO BRULL

La Casa del Silencio

(ANTOLOGIA DE SU OBRA: 1916-1954)

EDICIONES CULTURA HISPANICA

MADRID - 1976

INTRODUCCION A LA POESIA DE MARIANO BRULL

I

Uno de los sucesos más infortunados de cuantos concurren en nuestros días al debilitamiento del concepto de la poesía como fuente de liberación humana y de conocimiento del universo a través de la creación artística, fue el que se produjo cuando aquella gran estulticia escondida bajo la polémica de «la poesía pura».

Desde entonces, desde los días del abate Bremond a los nuestros, no ha cesado la lluvia de denuestos y de inepcias sobre el tema. En el fondo, lo que se estaba dilucidando, sin que nadie se atreviese a confesarlo, era si el hombre de hoy debe resignarse a aceptar nuevas formas de esclavitud o si debe defender la libertad creadora sin limitaciones, la manifestación irrestrictamente libre del espíritu. Por el momento, el conflicto se personificó en el poeta, pero igualmente podía referirse la polémica a toda forma de arte y de pensamiento, porque de lo que se trataba era de imponer a los diversos intérpretes de la facultad exclusiva del hombre (la creación de aquello que no está en la Naturaleza) unas barreras, unos «deberes», unos códigos esclavizadores.

De la desdichada polémica salió deshonrada y deformada, hasta volverse irreconocible, la noción de poesía. De lo que quisieron hablar en realidad los iniciadores de la controversia era de la necesidad que había, en el tiempo que presenciaba en Filosofía la ascensión de la fenomenología y del análisis existencial, de investigar la naturaleza del hecho poético, de la poesía *en sí*. Una investigación de esa índole tiene que ser rigurosamente técnica para responder a aquella definición dada por Edmundo de Husserl sobre la Fenomenología: «*Es la ciencia eidética pura de los actos puros que tienen lugar en la conciencia pura.*» A esto se referían los primeros en utilizar la malhadada definición de poesía pura. ¿Y qué entendió el fariseísmo de la época? ¿Qué hicieron creer los agentes de las nuevas formas de esclavitud a la masa de los lectores de periódicos? Que unas gentes egoístas y crueles, unos «poetas deshumanizados», pretendían que la poesía era una cosa desvinculada de los seres humanos y de sus problemas económicos y políticos, una cosa tan exquisita, ultraterrenal y quintaesenciada que no tenía, ni quería tener, nada que ver con «los problemas reales del hombre». Para esa jerga, se sobrentiende por problemas del hombre estrictamente los políticos, económicos, sociales, etcétera, pero nunca los de carácter permanente, los ligados a la condición diferenciadora, cualificadora de lo humano como tal frente a lo meramente biológico. Por una monstruosa deformación del entendimiento bajo la presión politizadora, se había llegado a la paradoja de considerar deshumanizados o «artepuristas» los actos creadores, que son exactamente el único monopolio otorgado por la Naturaleza al ser humano.

Cuando se hablaba en rigor de algo no menos natural que un árbol, como es el hecho en sí de la existencia de la poesía, el acto poético en su esencia, y quería cumplirse con el imperativo *humano* de investigar en qué consiste ese hecho, el confusionismo arrasador de cuanto intenta hoy una reflexión anuló la posibilidad de análisis mediante la cómoda reducción del empeño al ridículo y al absurdo.

Se necesitaba —y se necesita— colocar las reflexiones sobre el ser de la poesía en un plano mínimamente decoroso, a fin de que responda esa reflexión a la altura alcanzada por la filosofía contemporánea, que no es, por fortuna, una simple meditación sobre la insuficiencia de los salarios, la lucha de clases o la injusta distribución de la riqueza, sino una prodigiosa aventura del espíritu humano por territorios que jamás el hombre había osado hollar. Después de Dilthey, de Husserl y de Heidegger, la utilización de la función pensante (aun cuando la data de este «después» puede arrancar de Sócrates y su descendencia, si se prefiere) no puede desconocer el nivel alcanzado por esos creadores ni empobrecerse adrede por la renuncia a manejar los instrumentos o herramientas de trabajo que ellos han legado a todo el género humano.

El confusionismo, esparcido maliciosamente casi siempre en derredor de la idea de poesía pura, obtuvo una gran victoria: la de hacer de ésta, en la mente del hombre común, un sinónimo de egoísta indiferencia ante el dolor humano, de apoliticismo, de «torre de marfil», etc., es decir, de cuantas trampas verbales se han inventado contra la libertad por quienes aspiran a organizar las sociedades como rebaño mudo e inconsciente en manos de un partido.

Una metástasis de ese confusionismo apabulló también a una muy considerable porción de la obra de José Ortega y Gasset, la única gran posibilidad filosófica nacida en el fiemo de la decadencia latina después de Henri Bergson. Lo ocurrido con las reflexiones de Ortega sobre «La deshumanización del arte» ilumina perfectamente lo que venimos diciendo en derredor de la poesía pura. Acaso si él hubiese llamado a su libro «La des-sentimentalización del arte», los malentendidos, las vulgaridades y las perfidias habrían sido mínimas. Porque lo que se pretendía en Ortega, como en Bremond, no era plantear la utópica existencia de un ser humano —el pintor, el poeta, el músico— llegado a una etapa tal de evolución (o de presunción) que le permitía conducirse como un no-humano, como un escapado de la Humanidad, sino que se trataba en realidad de *absolutamente todo lo contrario,* es decir, de plantear la aparición en el reino de la actividad creadora de los artistas de una profundización, desnudamiento e intensificación de la condición humana, al extremo de permitirle a ésta manejar, más que la apariencia de las cosas, la esencia de las cosas.

Se aplicaba al fenómeno artístico en general y al poético en particular la hermenéutica derivada de unos hallazgos, unas comprobaciones, *unos hechos desnudos y puros,* que hasta entonces habían pasado inadvertidos, pese a ser, como eran, los hechos más demostrativos de la unicidad de la condición humana en el universo. Nadie ha visto a un árbol o a una vaca construir un teorema o componer una sinfonía. Por lo que sabemos hasta ahora, sólo el hombre posee la facultad de crear, de añadir cosas a la Creación. (Subrayo precautoriamente lo de «sabemos hasta ahora» porque no descarto la posibilidad de que un día sea descubierta la producción como arte y la vida artística planificada, es decir, adredemente realizada por animales y plantas, y quizá, sí, también, por minerales. Desde un punto de vista metafísico, lo racional es que los hipopótamos y las golondrinas posean también su «Fausto» y sus «Meninas».)

Esa facultad creadora del hombre se desplaza en la historia dentro de unos cánones, unas medidas, unas posibilidades (y no me refiero a nada académico, por supuesto) que armonizan en cada siglo o «momento» de una cultura con la maduración o desarrollo acumulado de los sentidos y de las dosis de razón que le es dado digerir y utilizar a cada relevo generacional. El color, el sonido, la forma, el tacto y el perfume de las creaciones del hombre, sépalo éste o no, poseen una entidad independiente del hombre, una entidad genérica, inalterable y universal; una entidad en sí, objetiva, no sentimental ni sensorialmente subjetivable. El hecho de que durante mucho tiempo el artista se haya contentado pasivamente con los efectos de esos entes en su sensibilidad, no quiere decir nada ni contra el artista del pasado ni contra la tendencia o necesidad del contemporáneo profundo a penetrar lo más lúcida y objetivamente que le sea posible en el reino mismo, puro, de esa entidad. Antes, el poeta, el pintor, el músico, se sentían realizados y felices con el manejo y dominio de la vastísima materia prima que recibimos por el solo hecho de estar vivos y abiertos a la recepción pasiva de los elementos exteriores. Desde finales del siglo XIX —poco más o menos— comenzaron los poetas, los músicos, los pintores y, por supuesto, los filósofos, en la delantera de todos ellos, a sentirse descontentos, a encontrar insuficiente, y aun pobre, ese legado pasivo de materia prima, y comenzaron a ensayar terca y gozosamente la penetración en el reino original mismo de cada uno de los entes que hasta allí le habían dominado. Puede resumirse esta cuestión tan compleja diciendo que hasta ese momento al poeta, al músico, al pintor les bastaba, al sentirse «dominados por la inspiración», como se decía con expresión perfecta, con cerrar los ojos y dejarse llevar a galope tendido por la ciclónica fuerza del elemento más afín: con su sensibilidad, color, palabra o sonido. Crear era un saber hacer lo que no se sabía por qué se estaba haciendo, en el sentido de que saber, lo que se llama saber, es un acto de lucidez implacable sobre el valor y el rendimiento de una fórmula, y no la mecánica aplicación de una fórmula. Ahora, el artista quería dominar la autonomía de sus materiales y las reglas intrínsecas de la composición posible. La versión de esta actitud era una revolución de la postura y finalidad del arte, que catapultaba al artista hasta colocarle en posición de perieco respecto de su colega del siglo pasado y, naturalmente, respecto del público. Tenía que resultar por fuerza muy difícil de aceptar el cambio, porque en el mundo siempre ha habido demasía de lo que don Antonio Cánovas llamaba «la gente estacionaria». A la dificultad sempiterna para la admisión de «lo nuevo» se uniría en nuestra época el *plus* de dificultad, representado por la deformación tendenciosa de quienes diciéndose revolucionarios en política son —y ellos saben muy bien por qué— profundamente reaccionarios en el arte. El miedo al hombre en libertad, el miedo a que por el camino de la imaginación se escape el prisionero, es propio de los tiranos y de los servidores de los tiranos. Hitler y Stalin coincidían en su fobia por la poesía, la pintura y la música actuales. El comisario soviético que llamaba a su despacho a Shostacovich y le ordenaba «hacer un poco más clara, más popular» una obra del músico, era un reaccionario tan eficiente como aquel comisario policíaco francés que decía a sus subalternos: «Mucho cuidado con ese grupito de poetas del café de Bac; sobre todo hay uno que seguramente es el más peligroso, porque no entiendo nada de lo que escribe; se llama Mallarmé.»

II

El eco de la polémica de la poesía pura, en Hispanoamérica, multiplicó el error y extendió el malentendido hasta las zonas más ajenas a la preocupación por la poesía o por cualquiera otra forma de arte. Los poetas sentimentales, y nada más, que no se plantearon nunca problema alguno respecto de la poesía, por entender que la sinceridad de un sentimiento es más que suficiente para producir poesía, se sintieron reivindicados ante la condena del «arte nuevo». Los agitadores políticos se apoderaron inmediatamente de los términos «poesía pura» y «deshumanización» para sembrar ese terrorismo mental, que tan buenos frutos les ha dado. Un dedo acusador señalaba al «artepurista» como a un traidor a la Humanidad. A estas dos especies detestables, el sentimentalista a secas y el agitador de oficio, se unía la enorme procesión de quienes condenan todo lo nuevo porque han renunciado a pensar, y se conforman con dos o tres consignas, cánones, rutinas, que, a semejanza del político totalitario que fija «deberes del poeta con la sociedad», acaban por perscribirle al artista cómo tiene que componer una sinfonía, pintar un cuadro, escribir un poema. Todo lo que se salga de la norma es locura. O se juzga al poeta libre y creador diciendo que es un irresponsable y un narcisista o se le condena pintándolo como un *snob,* que, por hacerse el genial y el raro, toma el pelo a la buena gente, y llama poema a eso que de ninguna manera puede ser otra cosa que una locura.

Piénsese en el *shock* que le producía a una persona acostumbrada a ver la luna con los ojos lánguidos del romanticismo cuando leía:

> La coliflor de la luna
> —Selene para la cita—
> Una más dos veces una
> Ni jazmín ni margarita.

¿Y qué era eso de llamar a la luna canto redondo, jugando con la ambivalencia de la palabra canto, que es canción y es piedra? ¿Es que la luna es una piedra redonda? No se comprendía, primero, que hay, en efecto, una imagen de la luna que se nos presenta pedregosa, hecha de gruesos rizos blancos, grumosa, exactamente como una coliflor colgada del cielo, y segundo, que un poeta necesita hallar sus definiciones, sus palabras creadoras, sus imágenes de aproximación y de interpretación de lo que ve y siente; porque, de no hacerlo así, se queda en nada, en repetidor de lugares comunes, sin aventura y sin razón de ser.

III

En Mariano Brull esa actitud del poeta actual ante la poesía vino organizándose interiormente, procesalmente. Partió de donde le era inevitable partir (había nacido en 1891, a los tres años de «Azul»): de un posmodernismo donde el sentimentalismo se asistía de un noble decoro estético, de una preocupación por la belleza del poema. En su primer libro, «La casa del silencio», de 1916 (año de la muerte de Rubén), se advierte, entre otros méritos, el tono sobrio, sosegado. Hay el recortar los vuelos de la oratoria, el renunciar al empleo del ¡ay! y del ¡oh! Ya es heroísmo, en esa época y en el trópico, frenar el énfasis, peinar el alarido. Es de recordar que la poesía cubana mostraba antecedentes de válido lirismo, como los de ciertos instantes cristalinos de José Martí, de Zenea y de Luisa Pérez de Zambrana, y antecedentes poderosos de creación, de oficio, de Julián del Casal, y que en ese momento de 1916 vivían poetas como René López, Augusto de Armas, José Manuel Poveda, Mercedes Matamoros, María Luisa Milanés, y echaban a andar Regino Boti, Agustín Acosta, Rafael Esténger, Andrés Núñez Olano... Todo un clima de estímulo constante, de noble emulación, de vigilia alerta a los aires del mundo, envolvía a los poetas de la isla. La condición de pararrayos y de antena que siempre ha tenido Cuba se evidenciaba en su poesía con un vigor asombroso. Lo que trajera la rosa de los vientos, la isla lo aprehendía aceleradamente. Se explica, por lo tanto, que aun los novicios mostrasen personalidad y sabiduría de muy experimentados. Con «La casa del silencio» entra en escena Mariano Brull, y se le recibe en medio de los mejores. Tiene, entre sus características, una muy rara, casi insólita en la poesía de la región: no es abundoso, no es torrencial, sino más bien premioso, de producción lenta, como de cristalizarse gota a gota una resina. Su intimismo no es el yo mimado del sentimentalismo, sino la intimidad tratada a lo Juan Ramón y a lo González Martínez, sus tutelares del momento. Este pudor en el tratamiento del yo y la preocupación estética son las tónicas de los poetas que aparecen por entonces. Hasta allí, la facilidad, la vertiginosa producción de treinta o cuarenta sonetos por día, o de un canto a la patria en seiscientas estrofas, eran para muchos la prueba de ser poeta. Se creía en la eficacia del poema como cañonazo para derribar murallas. Gran sorpresa y hasta «enfriamiento» sobrevendría al leer lo que daban poetas como Mariano Brull. Después de «La casa del silencio» y antes de «Poemas en menguante», libro de su renacimiento o bautizo en la nueva poesía (libro que ha quedado entre los miliares de América), dio la norma de su palabra escribiendo una elegía. Tema peligroso el del llanto por un difunto. En la poesía cubana van escalonándose las elegías, y vemos cómo el diapasón va atenuándose. De la elegía de la Avellaneda por Heredia, pasa a la de Luisa Pérez de Zambrana por sus hijos; de ahí a la de José Manuel Poveda por Julián del Casal, y de ésta a la de Mariano Brull por Francisco José Castellanos. Si se confrontan esos textos se tiene delante un dibujo de la sensibilidad cubana, un «gradus ad parnasum», al paraíso de la contención y la sobriedad. Ante un muerto querido, nada de grandes trenos ni de solemnidades:

> Tuvo su vida azorada,
> como un pájaro en un pino:
> alta el ala y alto el trino
> y alta en lo azul, la mirada.

> Y tuvo mar, tuvo bruma
> como trémula aureola;
> y su corazón fue espuma
> cabalgando en una ola.

> Miró a donde nadie alcanza,
> fincó la planta en el suelo,
> y fatigó la esperanza
> con la altura de su vuelo.

Esta diafanidad remataba con el Epitafio:

> Se apagó en el regazo de la tierra
> su dolor turbio y su alegría clara:
> goce auroral que trepidante encierra
> de un mar lunar la melodía rara.

Quedó sin luz la antorcha sobre el ara:
La apagó el viento.
                    —La canción aún yerra
como una llama de alegría clara
que turba el soplo agrio de la tierra.

Un poeta de tal carga interior estaba, por origen, preparado para en-
troncar con la poética de Paul Valéry, quien por los años treinta fascinaba
a los jóvenes como una de esas fuentes magistrales que cada generación ve
brotar ante ella como un dios revelado. El magisterio de Valéry casaba
perfectamente con la vocación de Brull por ceñirse a la palabra precisa. En
la trayectoria hacia la desnudez del vocablo, toca primero el poeta en el
gozo de la palabra en libertad, la palabra sin conexión ni contexto, y en-
cuentra que da poesía, poesía autónoma. Tiene, naturalmente, su lógica en
sí misma, no referida a ningún antecedente conceptual, porque ni es un
concepto, ni proviene de una consecuencia. No obedece a un encadena-
miento lógico, pero tiene su lógica, su logos, en el sonido creador. Es el
poema en abstracto (no el poema abstracto): comienza en sí y termina en sí:

El perejil periligero
salta —sin moverse— bajo su sombrero,
por la sombra verde, verdeverderil:
doble perejil,
va de pe en pe,
va de re en re
—y pasa y repasa
y posa y reposa—,
va de verde voy
hasta verde soy,
va —de yo me sé—
que verde seré:
va de perejil
hasta verdejil...

De la palabra en libertad se llega, por la clave de poesía que contiene
la palabra poética en sí, al poema que ya no es un gozo autónomo de la

palabra, sino una construcción deliberada de las sensaciones, de los recuerdos, de los paisajes, de cuanto se quiera, a través del poema estructurado adrede, dominado por el poeta. Esta es la etapa de la obra de Brull que se abre con «Poemas en menguante», se perfecciona en «Canto redondo» y enraiza en toda la poesía siguiente, que él va a producir (arquitecturar) con su sentido de la medida, del ritmo, de la interiorización de la palabra en busca del poema.

Se le menciona demasiado en las antologías y en los ensayos sobre poesía en relación con la jitánjafora. Eso estuvo muy bien, y está muy bien, pero es un episodio en la trayectoria de Mariano Brull hacia la expresión poética más hecha, perfeccionada. Lo que el buen lector llama «juego de palabras», esas palabras en juego, preludian un ejercicio de organización que parte de lo meramente sonoro (a la manera de Ravel), pero a la postre construye un poema donde se albergan los sentimientos, las experiencias, los sueños y el hambre de conocimiento. Como ocurre en Valéry, se sale de la estética y se asciende a una metafísica de las cosas y de las emociones, que es lo que en definitiva da sustancia y perdurabilidad a la poesía. En Mariano Brull seguimos milímetro a milímetro el recorrido en círculo, la serpiente que se muerde la cola. Sentimiento-palabra-sentimiento. Sólo que esta segunda instancia del sentir es ya lúcida en grado sumo, tangente con la perfecta contemplación del edificio construido a fuerza de claridad, netitud, desadorno, desnudez:

> Alcanzarás tu cima, mientras prenda
> la amapola fugaz de los rubores,
> y haya un cirio de púrpura que encienda
> la madrugada de los ruiseñores.

Como toda moneda legítima, tiene la poesía de Brull un anverso y un reverso. Llamemos anverso a la poesía más culta, más trabajada, lindante con el hermetismo de los grandes momentos de Valéry. De ella tenemos un bello ejemplo en el poema «A toi-même», escrito por Brull en francés:

> Toi qui plonges dans l'éternel
> Et reviens les mains vides,

Plein d'un oubli qui ne pèse
Que sur les cils chargés de songes;
Toi qui de rien combles ta vie
Pour être plus léger à l'ange
Qui suit tes pas, les yeux fermés,
Et ne voit point que par tes yeux;
As-tu trouvé le corps d'Icare
A l'ombre de tes ailes perdues?

Qu'est-ce qui t'a rendu muet
Parmi les sables du néant,
Toi qui plonges dans l'éternel
Et reviens les mains vides?

Y como cifra del reverso está la «otra» —recordemos el caso de Góngora—, la que se vuelca con la gracia del romancero español, muy suelta de verba y clara de palabras y conceptos, como en el poema dedicado a Granada, o más diáfanamente todavía en el poema de «Canto redondo», que comienza diciendo:

Si no me engaña este olor,
si no mienten los colores,
los campos están en flor
¡vamos a buscar amores!

El arte de este hombre tiende a actuar por reducción a la esencia. Esto le impidió entregarse a lo que llamamos «el gran poema» —el poema grande—, pues su meta era antes lo poético como fenómeno que lo poético como realización de un mundo cerrado y completo. No hallamos en él el poema a lo «Altazor», pero es significativo su gusto por la traducción de los grandes poemas de Paul Valéry. En «La Joven Parca» está Brull en su momento de perfección tanto como en sus breves poemas propios. Me atrevo a pensar que él estaba acercándose, en su obra, a la etapa definitiva de su desarrollo, la que le llevaría a escribir el poema-orbe, el gran templo, y no la pequeña ermita primitiva, cuando la muerte vino a buscarle.

Ser sorprendido por la indeseable cuando aún se está en camino es particularmente doloroso para los artistas que por imperio del calendario nacieron en tiempos de transición radical, de cambio violento. La muerte gana al tiempo la batalla. Mariano Brull tiene muy firme su puesto de hombre-eslabón, de guión intermedio de generaciones. Por la fecha de su nacimiento, por la calidad de su formación literaria y por su despierta atención hacia la transformación radical que experimentaría la poesía occidental a partir de la obra de Apollinaire, Mariano Brull se sitúa con absoluta naturalidad en el punto de transición, en la dificultosa e ingrata postura de cabalgar entre generaciones. Viene, lo hemos visto, de un momento importantísimo, pero condenado a vida efímera en la poesía netamente hispanoamericana. Cuando está en camino, con muy buen paso y firme pie, ocurre que suena en el cielo de la lírica mundial una orden de relevo, de cambio total, y comienza de pronto a «no llevarse», a no estar bien visto lo que hasta hacía muy poco valía, sobre todo en Hispanoamérica, como santo y seña de lo poético superior. A los poetas —como a los pintores, músicos, escultores, pensadores— a quienes sorprende esta urgente e imperiosa consigna de cambiar, de dirigirse hacia otros derroteros, tuvo que resultarles muy difícil la asimilación de «lo nuevo». Por fortuna, en el caso concreto de Mariano Brull el gran cambio de sensibilidad y de concepción de *lo poético* le halló en edad magnífica, y en una disposición de ánimo que no le resultaría doloroso decir adiós al rubendarismo. Ya hacia 1930 —año de su gran traducción de «El Cementerio Marino»— se ha situado de tan firme manera en la que iba a ser su expresión definitiva, que los frutos presentados por él en la gran vitrina y almoneda de las letras le valieron una posición tal entre los hispanoamericanos que se convirtió continentalmente en uno de los nombres clave de la nueva sensibilidad.

Observemos un hecho que me parece revelador, y que basta para explicar a los nuevos lectores, a los jóvenes hoy lectores de Mariano Brull, hasta dónde brilló en el cielo literario de América la estrella sobria y medida de este poeta. El hecho es éste: Porfirio Barba Jacob fue, como de sobra sabemos pero olvidamos, uno de los auténticos grandes poetas *americanos* de América. (Hubo y hay muy pocos poetas nacidos allí que puedan ser considerados literariamente americanos.) Gustaba Porfirio de explicar su obra y su vida en unos prólogos que han quedado como páginas maestras para el conocimiento, tanto de la obra del autor como de la literatura hispanoamericana de su tiempo. En uno de esos prólogos, en el titulado «Claves», puesto delante del volumen «Canciones y Elegías», editado en Méjico como homenaje al libérrimo colombiano, podemos leer:

> «Me tocó palpitar al unísono,
> en el marco breve de las generaciones,
> con Lenin, con Einstein, con Spengler, con Marañón,
> con Ouspenski, con Picasso, con Diego Rivera,
> con Stravinski, con Paul Valéry, con Mariano Brull,
> con José Ortega y Gasset, con Rafael Maya,
> con Federico García Lorca, con Jules Supervielle...»

En ese mismo prólogo esencial de Porfirio, un poco más arriba de esta declaración, cita unos versos de Brull, sin decir de quién son, como sobreentendiendo que no hacía falta. Habla Porfirio de que había seguido el consejo de Pedro Henríquez Ureña sobre la eficacia imprescriptible de la musicalidad, y afirma:

> «Desde entonces amo la poesía
> *Pensada en sol, vista al deshielo,*
> *tupida de nacencia clara...*»

Esta apreciación de Barba Jacob es el testimonio de la generación posdariana inmediata a la de Brull, muy importante, pero en definitiva perteneciente a la orilla extrema del siglo XIX, como el propio Darío. Quien da el testimonio de los nacidos —no biológica, sino espiritualmente se entiende— en el siglo XX es Alfonso Reyes. En el mismo año de la muerte del poeta, en 1956, escribía el caballero azteca-heleno esta etopeya:

A MARIANO BRULL

Mariano, así nació la poesía:
humo de sangre que la vida exhala
y luego se depura todavía
y asume voz al remontar el ala.

Sus raudos hijos la palabra cría:
risas y llantos en el trino iguala:
siendo victoria, vive de agonía,
y se agota de austera siendo gala.

Dureza blanda, eternidad ansiosa,
tesoro esquivo pero nunca vano,
fugitivo cristal, perenne rosa...

Tú lo sabes de sobra; tú, Mariano,
que sueles suspender la mariposa
con el encantamiento de tu mano.

Ahora hallará el lector en las páginas que siguen una selección de poemas de Mariano Brull. Explicado el periplo de su obra, ofrecemos la selección partiendo de lo final y más hecho para ir hasta lo primerizo y en ciernes. La publicación de los libros de un autor sigue una corriente inversa a la de la vida, y es razonable que la antología presentada, cuando ya está toda la obra acabada y serena, comience por el fruto y no por la simiente.

GASTÓN BAQUERO

"RIEN QUE..."
NADA MAS QUE

(1954)

YO ESTOY DETRAS DE MI

Yo estoy detrás de mí:
fuerte callado de mí mismo,
para que no me vean mis ojos
para que no me oigan mis oídos.
Yo estoy detrás de mí:
fuerte callado de mí mismo.

Yo estoy detrás de mí:
en tierra siempre extraña, sorprendiéndome
abriendo hueco a mi futuro cuerpo...
Yo estoy detrás de mí en vigilante —inerte—
viviendo bajo las ruinas de mis mudos sentidos.
¿En qué gemela imagen me duplico
y me encuentro solo conmigo mismo?
¿Qué me enajena sin romper
el único perfil que me defiende?
Yo estoy detrás de mí:
en la ciega vislumbre de no estar en mi ser:
ileso, entre el amago de la penumbre virgen,
y el puente parpadeante que me une a mí mismo.
¿A qué toca mi ser
en ese extraño encuentro de mi cuerpo sin vida?
¿Y qué silencio llena el hueco de mí mismo?
¿Quién habitará en mí cuando yo no esté más
detrás de mí?

SOMBRAS

Iba de oscuro en oscuro:
resbalando entre tinieblas
entró en mi cuerpo mi sombra,
limpia de luces —lavada
del hollín rubio del día
en el agua de na noche—:
y la sombra de mi sombra
en vislumbre sin retorno,
se veía... y no se veía...
negra, como una luna negra
por tinieblas empolvada,
se veía... y no se veía...
y la sombra de mi sombra
en arpegios de negrura
se oía... y no se oía...
entre afilados sigilos
y tambores de silencio
se oía... y no se oía...

Iba de oscuro en oscuro:
por las escalas del cielo
suben y bajan las sombras:
nadie las ve —y se ven—
nadie las oye —y se oyen—
el que no las ve... las ve...
quien no las oye... las oye...

¿QUIEN?

¿Quién era yo? ¿Quién me sabía
desde el extremo reverso mudo,
—cuerpo de nadie— consumiéndose
en ajeno cuerpo mío?

¿Quién me sabía extrañamente
de mi extraño ignorar, dueño?

Hundido en soledad doble, no era yo,
sino mi sí y mi no...

Cuanto más se me acercaba a mí mismo
crecía distinto y lejano:
enamorado de mi ausencia...

SI

Víspera es, y dilatada asoma
luz de ahora y de antaño: todavía
amago en ciernes de inminente albricia,
antes que —no— irrevocable sea:
sí —no fatal— desgano de esperanza
agónico en la fe que desespera;
mude el designio al suyo don primero
y siga de su igual gemelo el paso
en desigual similitud triunfante...
y el libre curso del suceso prenda
al perenne diamante del desvelo:
—noria que gira con el agua eterna—
y caiga sobre el alto azar vencido
las arenas del tiempo sin retorno
y amontone las horas hasta el cielo...
Allí... donde de nada se hizo todo.

LA PUERTA DEL MAR

I

Abre el mar la puerta
que la playa cierra:
—Mar de tantos brazos,
Mar de tantas piernas—.
Y la playa calla
escuchando atenta:
la arena está dentro,
el agua está fuera.
Cuando el mar se va,
la arena se queda.
—Y la puerta inmóvil
cerrada y abierta—.
La arena se junta
si el agua la deja.
Si la arena avanza
el mar se destierra...
¿Quién dejó al pasar
la puerta entreabierta?
—Si alguien viste, di,
di lo que no vieras.

II

La calle mira al mar
con mirada fija:
y mira y mira y mira...
De par en par las puertas.
De salir. De entrar.
Por allí van todos.
¿Quién entra? ¿Quién no sale?

¿Quién no pasó por la puerta
que nadie cierra, que nadie abre?
—Yo sé... que no lo sabes.

TELEVISION

En la almohada de la Vía Láctea
descansa la oreja del mundo
enternecida de silencio.

Flota en bloques de mármoles el sueño,
y encalla en la mudez del firmamento
la góndola verde de la luna morena;
flechas de trinos huérfanos de pájaros,
en volubles veletas de aire alto
van a galope a orillas del ladrido.

Las islas de la noche no responden
ahogadas en los charcos de la luna...

Abre la noche, a medias, su azucena,
y entre azules furtivos en acecho
de brillo tarde y nácares de sombra,
en azabache cuenta sus jazmines...
Cercada por cortinas de rocío,
el alba vuelve al niño de su rosa
y la azucena al seno de su luna.

El horizonte vela mientras duermen los faros

VASO CON ROSA

La biblioteca está en su soledad.
Una esquina lanza un cono de sombra:
gira, en torno,
polvareda fina de empañados brillos.
La mesa, hundida en blanda relumbre,
irrumpe de la penumbre dulce
al claror brusco del círculo.
En un vaso, la rosa, tersa y fresca,
vigila su propio sueño;
alto el pétalo en la cresta de la luz,
le abre al cielo un ojo de rosa.
Rotas las venas de la transparencia,
agua y cristal,
se ensimisman en la oculta diafanidad.

SOLO DE MAR

Por el huir de huida transparente
a donde va la mar —mar también ella—:
¿En qué ausencia, punzante, está presente?
¿En qué velada limpidez destella?
Pensada en ola va sin pensamiento
al mudo cascabel de la pupila
y en el hueco espiral del crespo viento
hila en el vano cuanto vano hila...
Y en el mar que calla en su mudez sonora
muda el cristal por ella en transparencia,
y mira, en el espejo de la hora,
nacer la imagen de su propia ausencia.

SOLO DE NOCHE

Esta noche se sale de su noche
como del molde justo
de la noche primera...
Y el cielo, y las estrellas y la luna
acaban de nacer para esta noche:
el cielo esta copia exacta del cielo,
la estrella de la estrella, y la luna
calca su propia faz de luna nueva...
Esta noche, grabada en la pizarra de la noche,
enciende sus luces,
apaga sus luces.
El hombro ancho del horizonte ondula
al mecerse en la aérea arquitectura del cielo.
La urbe viajera del aire vuelve a su planta errante.
El horizonte urbano levanta las mismas torres.
Cada sombra en su sitio. Cada estrella en su luz.
La flor está en su flor y la hora en su hora...

... Y la noche, sola con su noche.

VISPERA

Al caos me asomo...
El caos y yo
por no ser uno
no somos dos.
Vida de nadie,
de nada... —No:
entre dos vidas
viviendo en dos,
víspera única
de doble hoy.
Muere en la máscara
quien la miró,
yo —por dos vidas—
me muero en dos...

TEMPS EN PEINE
TIEMPO EN PENA

(1950)

TIEMPO EN PENA

Yo estaba dentro y fuera —en lo mirado—
de un lado y otro el tiempo se divide,
y el péndulo no alcanza, en lo que mide,
ni el antes ni el después de lo alcanzado.
Mecido entre lo incierto y lo ignorado,
vuela el espacio que al espacio pide
detenerse en el punto que coincide
cuanto es inesperado en lo esperado.
Por la orilla del mundo ronda en pena
el minuto fantasma: —último nido
de la ausencia tenaz que lo condena
a tiempo muerto aun antes de nacido—
mientras en torno, el péndulo encadena
el futuro a un presente siempre ido...

FUGA

Se iba el agua de prisa entre los dedos
al querer sin querer...
¿Qué espejo la retiene y la devuelve,
imagen real que finge su remedo?
¿A qué luz parpadea
agua en mudanza atónita en el brillo?
¿Quién vigila
por el límite justo de la huida,
ahogada en voz de limpio
metal de aire en renuevo?
¿Por qué camino,
—al querer sin querer—
bruñida de temblores,
ágil de gozo, corazón recluso
de cielo en busca de su mar cautivo?

SI - NO

Ir y no ir: ahora —sin distancia—
ávido de mudez, naciendo único
de nieve y de silencio blanco grito...
Vacila el tiempo en dos —grávido y ágil—
hacia divinas lentitudes sube
la escala inmóvil del reposo ileso.
Torna la hoja del instante. Torna
al vuelo diáfano de cristal dormido,
collares de silencio traspasando.
Cada momento vuelve a su momento,
y calla, abriendo brecha en lo callado:
vano ferviente que amontona vanos,
huecos tenues de cielos transparentes...
Sin ir y sin no ir. Y sin espera.

ELLA

Desde que yo nací, está naciendo,
de la raíz del sueño muda
al recuerdo maduro de tiempo sin recuerdo;
del dorso del latido suspenso se desprende
¿en qué lugar —sin mí— en mí,
aniversario de imposible muerte?
En alto el pie por donde el ala pasa,
de la futura claridad saliendo
en brazos de la estatua de mi ausencia
entraña de lo uno y sucesivo...

EL NIÑO Y LA LUNA

La luna y el niño juegan
un juego que nadie ve;
se ven sin mirarse, hablan
lengua de pura mudez.
¿Qué se dicen, qué se callan,
quién cuenta, una dos y tres,
y quién, tres y dos y uno,
y vuelve a empezar después?
¿Quién se quedó en el espejo,
luna, para todo ver?
Está el niño alegre y solo:
la luna tiende a sus pies
nieve de la madrugada,
agua del amanecer;
en las dos caras del mundo
—la que oye y la que ve—
se parte en dos el silencio,
la luz se vuelve al revés,
y sin manos, van las manos
a buscar quién sabe qué,
y en el minuto de nadie
pasa lo que nunca fue...

El niño está solo y juega
un juego que nadie ve.

VERDEJIL

El perejil periligero
salta —sin moverse— bajo su sombrero,
por la sombra verde, verdeverderil:
doble perejil,
va de pe en pe,
va de re en re,
—y pasa y repasa
y posa y reposa—,
va de verde voy
hasta verde soy,
va —de yo me sé—
que verde seré:
va de perejil
hasta verdejil...

FRAGMENTOS
DE
LA JOVEN PARCA
(Versión del poema de Paul Valéry)

(1949)

Fragmentos

LA JOVEN PARCA

Versión del poema de Paul Valéry

1949

¿Quién, sino el viento simple solloza en esta hora
Sola con diamantes extremos?... ¿Mas quién llora
Tan cerca de mí misma como mis propias lágrimas?

Esta mano, que sueña acariciar mi rostro,
Abandonada dócil a un designio profundo,
De mi flaqueza espera la lágrima que vierta,
Y que de mis destinos, lentamente apartado,
El más puro silencio alumbre un pecho herido.
La ola me murmura la sombra de un reproche,
O remueve del fondo de gargantas de roca
Como una vana cosa que bebe amargamente,
Con cerrazón de pecho un rumor de quejumbre...
¿Qué haces tú, erizada, y qué tú, mano gélida,
Y qué estremecimiento de hoja huida persiste
Entre vosotras, islas de mi desnudo seno?
Yo cintilo, ligada a los cielos ignotos...
Brilla racimo inmenso a mi sed de desastres.
Potentes forasteros, inevitables astros,
Que hacéis lúcido, sobre lo temporal lejano
Yo no sé qué de puro y sobrenatural;
Vosotros, que fundís en lágrimas de hombre
Esos brillos soberbios, las invencibles armas,
Los lancetazos signo de vuestra eternidad.
Ante vosotros, trémula, sola, del lecho huida,
Sobre el escollo en que muerde la maravilla,

A mi pecho interrogo ¿qué dolor lo desvela?
¿Qué crimen por mí misma sobre mí consumado?...
¿O si me sigue el mal de algún sueño recluso,
Cuando (en el soplo vuela el oro de la lámpara)
Con mis espesos brazos en torno de mis sienes,
Esperé largamente del alma los destellos?
¡Toda!... Mas toda mía, de esta mi carne, dueña,
Pasmando a un calosfrío su latitud extraña,
Desde mis blandos lazos, suspendida a mi sangre,
Mirábame mirarme, sinuosa, y doraba
De mirada en mirada, mis bosques más profundos.

Seguí tras la serpiente después de ser mordida.

¡Qué nudo de deseos, su cola!... ¡Qué desorden
De incontables tesoros de mi avidez robados,

Y qué sed tan sombría de limpidez! ¡Oh engaño!
En la llaga de luz que el dolor me dejara,
Más que sentirme herida me sentí conocerme...
En el hondón del alma una punta me nace;
Veneno, mi veneno, me aclara y se conoce,
Y colora una virgen enlazada en sí misma,
Celosa... ¿Mas de quién, celosa, amenazada?
¿Y qué silencio habla para mi solo dueño?

En mi grávida llaga ¡oh Dios! secreta hermana
Arde... que se prefiere a la en extremo atenta...

SOLO DE ROSA

(1941)

PRELUDIO A LA ROSA ANTES DE NACER

Así la presentía:
bajo cenizas: de estaciones,
secretamente —viva o muerta—
en el fondo de espejos empañados;
entre dardos de aroma
y puñales de nieve,
urgida de exaltadas lentitudes...

Bajo luces ahumadas
de auroras descompuestas,
bajo escombros de peces y de pájaros
vidriados por relámpagos furtivos
que un zarpazo de viento arremolina
en sereno galope de palomas...

Sí —ni viva ni muerta—, palpitando
en un arpegio verde de temblores,
entre ruinas de rumbos removidos
por mareas de mares en destierro...

¿Para qué —cerca o lejos— si presente
en el zócalo firme de la ausencia
se dilata hasta el límite preciso
de mudanza sin cambio —protegida
por cadenas de voces triunfadoras?
Como polen de estrella —luz futura—
en el cielo más claro del olvido
—gemelo en ciernes del eterno cielo—,
secretamente —viva o muerta—
¡salvada en el vivero cotidiano
del presunto morir junto a sí misma!

MADRIGAL A LA ROSA

Sí, pienso en ella,
en la rosa dormida
soñando apenas en nacer, nacida
en la belleza misma —sola y bella—;
que luz —más luz— alumbra en su hermosura
transida de impaciente alba
antes de estar despierta su figura,
y —como muerta— de la muerte, salva.

SILENCIO ANTE LA ROSA

No se iguala un silencio a otro silencio:
entre dos rosas, ni un silencio cabe,
en muda red se quedan los sonidos:
por trasluces de rosas apagadas
hasta el callado aguda se dilatan.

Sí: mudez transparente de corola
en geometría de inquietud calada
por invisible punta de diamante;
rehace cardinales puntos nuevos;
su filo corta planos precisos
de dura eternidad irremediable.

EL RUISEÑOR A LA ROSA

Eres así... ¿Cómo? Así,
como no dice la rosa:
si más, menos mariposa;
si menos, más colibrí.
De flor en flor... junto a ti
—viudo de todas las flores—,
en un amor —desamores
de inconstancia— me desvivo.
¿Si tanto tu amor esquivo
por qué vuelvo a tus amores?

ROSA SOLA

Solar de la sola rosa
señera de soledad:
de su soledad radiosa,
al Rosa sola del mar:
espiral infatigable
que horada en la claridad,
hueco a la rosa inviolable
¡Madre de la soledad!

(Sostenme en azul divino
acércame el mar al mar,
dilata el trino en el trino,
¡Rosa de la soledad!)
¿Y dónde la rosa sola,
ola, vuelco de azahar,
y plenamar rosaola,
Virgen del divino azar?

Llévame mar, junto al mar,
¡Rosa de la rosa sola!

ROSA, INMORTAL PRESENCIA

Bogaba a contra muerte
hacia el ombligo eterno;
del hondón inefable
de todo lo que ha sido,
por el revés del tiempo
volvían a la tierra
vidas innumerables.
¡Qué mudanzas de cielos,
qué devanar de astros,
qué desmorir de seres
en selvas sin fronteras!
De cargazón de vida
se quiebran los segundos;
¡qué panorama único
de irrefrenables luces!
En cada ser se enciende
la luz de su momento...
Tú, sola, incorruptible,
ni mueres ni desmueres,
¡rosa, inmortal presencia,
hueco del tiempo eterno!

POEMES
(1939)

Poemas que aparecen en «Poëmes», traducciones de la poesía de Brull al francés por Matilde Pomes y Edmond Vendercammen, libro prologado por Paul Valéry, quien dice: «Je voudrais que l'on lût avant toutes les autres, la pièce délicieuse: ROSE-ARMINDE. Cela chante, et cela compose un portrait de femme obtenu par effleurement de la vie. Je parlerais volontiers de l'exquisité de l'observation, de la legèreté étonnante des touches, de la ravissante et rapide variation des effets, s'il ne suffisait d'orienter le lecteur vers cette page, que je le prie de considérer comme la véritable et décisive préface de ce petit recueil de vers.»

ROSA-ARMINDA

Quiebro de albor fresco de mayo
que alterna azul y niebla fina;
perla y rosa: fuga y desmayo
de la marquesa Rosa-Arminda.

El perla se me deslíe
en el pliegue de su boca
sonreída. Diluido carmín
el aire, suave, finge de mota.

Al toque elusivo y tenaz
de sus pulsaciones fluidas
se ruboriza o palidece
la marquesa Rosa-Arminda.

Vuelto a la luz, después del guiño,
el ojo audaz, un leve sonrojo
que disimula o desvanece
inquieta al liviano coro.

El amarante canta de cerca
como ingenua flor campesina
bajo la crespa luz cernida
de la boca que fluye sonrisas...

Y el lunar que se mece al ritmo
de la risa —como en delicia—
es astro azul en cielo rosa
que su órbita propia acaricia.

En rosas, amarantes y grises,
¡qué mohín de sutil donaire

discretea el calado abanico
en su pura lengua de aire!

El diálogo se inmaterializa
en la emanación de la fronda
y el filo de la mirada se aguza
en el ojo voluble que ronda.

Hurtó a la hora un don esquivo,
y en el marco que la cautiva
Rosa-Arminda, la marquesa,
se cerró como una sensitiva.

ROMANCE DE PIEDRA Y VIENTO

Afila el viento sus dientes
en la piedra de amolar:
chuis, chuis..., rechinan las ráfagas,
y unas vienen y otras van...
Quebrados gritos de acero
que se aguzan al quebrar
baten pájaros de hierro
para que quieran volar:
chuis, chuis... chuis, chuis... en la alta
torre de la catedral.
Si se gastaban los dientes
se volvían a afilar...
En un mar de mármol solo
y silencio sin edad,
afila el tiempo su diente...
y no se oía afilar:
callándose, sin callarse
—así bien callado va—,
trabaja —bajo el no oír—
para los ojos no más:
mano que amontona olvidos,
a golpes de eternidad...

ROSA
Andante

Alcanzarás tu cima, mientras prenda
la amapola fugaz de los rubores,
y haya un cirio de púrpura que encienda
la madrugada de los ruiseñores.

Tu nombre sólo el R-uiseñor desgrana
en O-la y S-ol y en A-lba de albedrío,
y en trino torna lo que fuera grana
y en canto llano lo que fue rocío.

Erguida en el azul —muñón de estrella
con las aspas de luz recién cortadas—:
de su entrañable limpidez destella,
relámpagos de auroras y de espadas.

Túmulo de frescor. Belleza ardiente
que en un tumulto de pasión reposa:
—de espesa lentitud convaleciente—
un sueño en verde lívido de rosa.

Desgarro y orden que un azar resume:
—doble azar de desorden y hermosura—
que sin voz —melodía de perfume—,
¡forma de aire, en el aire, su escultura!

¡Aspa de claridad —vértigo—,
que hace y rehace la distancia!
Cuando seas eternidad limpia,
luz de ahora,
salvada —entre cenizas de luces—
de ti misma voraz y tiempo nuevo:

retenida y vuelta a perder,
y otra vez en el aire, lúcida.
Cuando seas de ti misma:
sal diáfana de siempre ¡luz de ahora!
¡Cuando —junto a mi muerte—
transparencia,
sin velo de cristal diamante eterno!

DUELO POR IGNACIO SANCHEZ MEJIA

Moreno de verdegay
listado de toro y misa,
color de aceituna muerta
en Miércoles de Ceniza:
hombre entre los hombres era,
y alondra al amanecer,
y en las tardes de faena
el pasmo del redondel;
porque llegué y era ido
no lo pude conocer,
pero el aire tenía un ceño
de haberlo estrenado él:
por lo alto banderillas,
por lo bajo volapié:
—todo cantado por dentro,
después, echado a correr—;
qué revuelos de capotes
modulados en mi piel
porque su voz tuvo allí
una resonancia fiel
a la palabra quedada
en un silencio de miel;
porque brillaban aún luces
que lo acababan de ver:
cenizas de su presencia
que volvían a encender,
y en los ojos del amigo
aún estaba todo él;
porque la tarde, era tarde
cegada de atardecer,
sólo vi una nube en sangre

en verde cielo de hiel...
Moreno de verdegay
listado de luna y miel,
nunca te vieron mis ojos
y te lloran sin querer...

CANTO REDONDO

(1934)

DESNUDO

Su cuerpo resonaba en el espejo
vertebrado en imágenes distantes:
uno y múltiple, espeso, de reflejo
reverso ahora de inmediato antes.

Entraba de anterior huida al dejo
de sí mismo, en retornos palpitantes,
retenido, disperso, al entrecejo
de dos voces, dos ojos, dos instantes.

Toda su ausencia estaba —en su presencia—
dilatada hasta el próximo asidero
del comienzo inminente de otra ausencia:

rumbo intacto de espacio sin sendero
al inmóvil azar de su querencia,
¡estatua de su cuerpo venidero!

MARINA

A José Carner

El pájaro estaba allí
donde más ancho es el día,
filo en el aire adentrado,
¡ya canto y pluma no más!
Lo que es pluma y era canto
—fuga azul que el mar orea—
el sol muda en lumbraradas.
¿Dónde el canto, ya fulgor?
¿A dónde esta luz de pluma?
El pájaro ya no estaba:
¡Sólo la vela del trino
cortaba la soledad!

... ...

Estás donde estaba el hueco
de tu postura en el mar,
tallada en el agua: haciéndote,
entre tu ausencia y tu acento,
nueva de ola y de sol.
(En el disco del silencio
la fecha justa del mar:
el registro de tu voz
cribado en la transparencia.)
Orillas de tu postura
—absoluta de milagro—:
estatua que se eterniza
conjugando para siempre
el reclamo del instante,
¡himen roto de la eterna
entraña virgen del mar!

66

EPITAFIO A LA ROSA

Rompo una rosa y no te encuentro.
Al viento, así, columnas deshojadas,
palacio de la rosa en ruinas.
Ahora —rosa imposible— empiezas:
por agujas de aire entretejida
al mar de la delicia intacta,
donde todas las rosas
—antes que rosa—
belleza son sin cárcel de belleza.

A LA ROSA DESCONOCIDA

Para el aniversario de una rosa en el teatro.
JAIME TORRES BODET

Apartada —ya toda amor de olvido—,
y en limpia ausencia recreada,
la cima de tu hermosura diviso
nublada por un silencio de ángeles:
y al acecho de un ágil morir
en el perenne umbral de la mudanza,
la imagen —en tu imagen sola —
¡rosa total de otro vivir reclamo!

De alba lúcida, húmeda, alta,
y curva ardiente y quieta,
tu forma —azar preciso— se desciñe
en caudal musical de margen muda
y unce la almendra de una llama helada.
En hora rosa se detiene el cielo
para vivir su eternidad más lenta,
y una orilla de frescores defiende
el hueco, sin contornos, de la rosa.
Tesón eterno. Abril inacabado.
Halo de olor que ronda sobre ausencia:
espacio en ciernes de la rosa futura
que el aire rezagado punza.

LAS MARIA

Las María, las María
de la plaza de San Juan,
como los pájaros vienen
y se van como se van.

A la más chica la llaman
María de la Soledad:
es la que vino de lejos,
la María de ultramar.

María del Carmen vive
una casa frente al mar:
su padre le puso Carmen
cuando se fue a navegar.

María Rosa, Rosa María
y María del Pilar...
y todas son como el sol,
sólo una es Soledad.

Juegan allí lindos juegos
y cantares saben cantar:
alegres, cuando son tristes
y si son alegres, más...

María del Carmen, María Rosa
y María del Pilar...
Si no son Carmen son Rosa,
sólo una es Soledad.

EPISTOLA

A Matilde Pomés.

¿Cómo romper tu ausencia o tu silencio?
Plata de pez, ¿qué playa?
Faisanes de oro nuevo, ¿qué montaña?
¿A dónde la marea de tus pasos
espuma hasta el rebozo de su linde?
Escama y pluma. —Fino estío
donde el mar crespa y el viento jubiloso,
al rescoldo de un cielo de nuez verde,
entre golpes de agua, canturrea...
¿Dónde la víspera de tu canción,
en sábados de mar y luna nueva
o en domingos de pinos y entretiempos?
Los cuidados, ¿al sesgo del olvido?
¿Qué albricias para siempre o para ahora?
Yo me fui a la mar de agosto
y he vuelto verdelamido
de verde velutoso...

ISLA DE PERFIL

Ilesa isla intacta
bozal del mar nómada,
cabezal de nardos
ahogados en luz.
Un ladrido en clave
de nácares rudos
y en ronda, soleados,
estíos de agua.
Clara y crespa aroma,
alta en voz de gallo,
la cresta levanta.
Mordaza de azules
con rizos de lumbre,
la pulsa y la ciñe.
No caimán artero,
primavera ecuestre
a hombros de hipocampo,
abra de clamores,
rubiales de mieles,
espiral del gozo,
zumo: ¡cima ilesa
de la isla intacta!

SI NO ME ENGAÑA ESTE OLOR

Si no me engaña este olor,
si no mienten los colores,
los campos están en flor:
¡vamos a buscar amores!

Estela, escala de acento
en tímparos de verdura:
melodía sin momento,
parálisis de hermosura.

Nudo del árbol que abraza
sólo de la flor latido,
albricias que el tronco enlaza
al júbilo azul del nido.

De agualimpio el cielo toca
verdelamido. Clamores.
¡Ala alucinada y loca,
vamos a buscar amores!

FRAGMENTOS

DE

EL CEMENTERIO MARINO

(Traducción del poema de Paul Valéry)

(1930)

EL CEMENTERIO MARINO

(Fragmentos)

DE PAUL VALÉRY

(Versión castellana de Mariano Brull)

Techo tranquilo —cruce de palomas—
Entre pinos palpita y entre tumbas;
El Mediodía justo torna en fuego
El mar, el mar, recomenzado siempre...
¡Oh recompensa, tras un pensamiento:
Largo mirar la calma de los dioses!

¡Qué pura obra de fulgor consume
Diamantes mil de imperceptible espuma!
¡Qué paz, allí, parece concebirse!
Cuando sobre el abismo un sol reposa,
Puras labores de una eterna causa
Cintila el tiempo y el sueño es saber.

... ...

Reposan bien los muertos en la tierra
Que recalienta y seca su misterio.
Mediodía, suspenso en Mediodía,
En sí mismo se piensa y se conviene...
Testa completa y perfecta diadema,
en ti, yo soy la mutación secreta.

¡Sólo yo sé tus miedos contener!
¡Mi arrepentir, mis dudas, mis afanes
Son el defecto de tu gran diamante!
Pero en su noche de pesados mármoles,
Un vago pueblo —de árboles raíces—
Tu partido ha tomado lentamente.

... ...

¡Oh sí! Gran mar dotado de delirios,
Piel de pantera y clámide calada
De mil y mil ídolos del sol,
Hidra absoluta de azul carne ebria
Que te remuerdes la encendida cola
En tumulto al silencio parecido.

¡Sopla el viento! ¡Tratemos de vivir!
Abre y cierra mi libro el aire inmenso,
¡La ola en polvo irrumpe entre las rocas!
¡Así, volad, páginas deslumbradas!
¡Romped, olas! ¡Romped, aguas en júbilo,
El techo en paz picado por los foques!

DE POEMAS EN MENGUANTE

(1928)

LLUVIA

Empapada de su carne
aquí está la lluvia hermana.
Por el aire viene, y viene
hechita un mar de lágrimas.
Llama. Y nadie le abre la puerta.
Canta. Todos cierran las ventanas.
La vi corriendo, corriendo
caminito de mi casa:
lloraba, con tanto lloro
que me ha dado lástima.
—¡Abrele a la lluvia
que viene mojada!

Por las calles se la llevan
ya muerta —en el agua, agua—
al mar —¡la que tuvo un trono
y un reino, claro, en el aire!

PIEDRA

Piedra —muñón de alas—,
linde de claridades,
desordenado término,
inconcluso, de vuelo.

¡Qué potestad agobia
tu fortaleza ágil
dura —en cárcel fluida—
voluntad sin estreno!

Rumbo de iniciaciones
a eternidades nuevas:
en tu reposo —alerta
a cielo y otra espera—
me miro en tus entrañas
—espejo presuroso—
fósil, de urgente cielo.

PALMA REAL

La planta esclava, el ritmo encadena
de nubes, vientos y lluvias
a la tierra —asonante de ritmos
cuerda de muda resonancia.

El penacho libre, música exhala
y recibe y cierne en luz alta;
halo melodioso alumbra
las rotundas múltiples alas.

Si el rayo de encendidas crines
la antena esmeralda abrasa,
el halo —quebrado de música—
¡la resonante lumbre apaga!

POR EL IR DEL RIO...

Por el ir, por el ir del río
espero el nuevo venir.
Río abajo de mi vida
¡tan turbio de tanto huir!

Agua ida, agua muerta
para mi agudo vivir:
que en el ir, en el ir del río
espera el nuevo venir.

¡Agua viva, agua loca,
loca de correr, de ir
por el ir largo del río
para llegar y seguir!

VERDEHALAGO

Por el verde, verde
verdería de verde mar
erre con erre.

Viernes, vírgula, virgen
enano verde
verdularia cantárida
erre con erre.

Verdor y verdín
verdumbre y verdura.
Verde, doble verde
de col y lechuga.

Erre con erre
en mi verde limón
pájara verde.

Por el verde, verde
verdehalago húmedo
extiéndome. Extiéndete.
Vengo de Mundolido
y en Verdehalago me estoy.

EL MAR, BUEN AMIGO

El mar, buen amigo
no está en casa.
El mar, viejo amigo, ha salido.

Y esta gente en la playa...
Y esta gente en el agua...
—No saben que el mar está
en casa de otro mar—, amigo.

EN EL AIRE

En el aire están las flores —invisibles
serafines suspensos.

Y el árbol crece para alcanzar su flor.
Y el rosal crece para llegar hasta su rosa.

Empínate muy alto— vida— hasta mi flor,
¡maravilla no vista en los jardines!
Empínate muy alto —vida— hasta mi flor.
¡Maravilla no vista en los jardines!

POR LA ESCALERA DEL AIRE

Por la escalera del aire
baja la torre de música:
largas ventanas de pausas
techo, agudo, de silencio.

Entra en la torre de tierra
sube escaleras de agua
abre al viento ventanales
pone techo sobre techo.

Y la torre de perfume
sube escaleras de nubes
abre ventanas de cielo
bajo el techo de la lluvia.

La últifa torre —en el faro
de las torres— cabeceaba.

ESTA PIEDRA

Esta piedra llena de escamas
tiene que ser un pez;
¡cómo brilla!

Esta piedra con ojos que saltan
quiere que la miren;
¡cómo mira!

A esta piedra le baila por dentro
un cielo enano
y una estrellita gorda
¡luna, lunita!

HE RESPIRADO A GRANADA

A Andrés Segovia.

He respirado a Granada
en luz —toda voz de olores—:
tierra fragante de adentro
de lejos, hondo, florece.

Carne viva de alma. Toda
pecho desnudo. Guitarra
sepulta: cantar eterno
de tu cordaje de agua.

¡Qué nudo anuda mi carne!
Raíz de aire que me enlaza
a música de temblores
en parpadeos de alma.

Oleo de torva hermosura
Granada —en la noche grande—:
seña perdida en la angustia
—ya sin fatiga— de antes.

Múltiple de amaneceres
¡qué bella entonces!
                    —Ahora
tan cerca ya de lo mío
¡claveles de resonancia!

POEMAS TRADUCIDOS AL FRANCES

EN

"QUELQUES POEMES"

(1925, o antes)

POLVO DE ESTRELLA

Ceniza de cielo —luz—
dádiva de estrella loca
para la tierra.
                          —¡Caída
tan apretada a la noche!

Ceniza viviente —lúcida—
¡muerta en la cruz de mis dedos!
Polvo de estrella —en mi mano—
¡negro cadáver de luz!

... ...
Allí —en lo no mío, en mí—
estaba el paisaje. Sonaba la música.
—Catedral de recuerdos.—
Se borró el paisaje. Y pasó la música.
Aquí, mi paisaje; aquí, ésta, mi música
en lo mío, en mí. ¡Montaña de olvido!

... ...
Rayo de luz que alcanza
eternidad muriente, rediviva:
claro vivir de siempre
en el vivir de ahora no alcanzado.

Mortal borde de eterno, limpio
bajo el ojo que enjugaba luces
y agotaba en la húmeda nacencia
el chorro seco del mirar sediento:
cerca ya del instante verdadero
en el desordenado silencio:
¡mediodía en el medio del alma
asomado a los ojos de ahora!

YO ME VOY A LA MAR DE JUNIO

A Alfonso Reyes.

Yo me voy a la mar de junio
a la mar de junio, niña:
Lunes. Hay sol. Novilunio.
Yo me voy a la mar, niña.

A la mar canto llano del viejo
Palestrina.
        —Portada añil y púrpura
con caracolas de nubes blancas
y olitas enlazadas en fuga.

A la mar, ceñidor claro.

A la mar, lección expresiva
de geometría clásica.
Carrera de líneas en fuga
de la prisión de los poliedros
a la libertad de las parábolas.
—Como la vio Picasso el dorio—.
Todavía en la pendiente del alma
descendiendo por el plano inclinado.

A la mar bárbara ya sometida
al imperio de Helenos y Galos;
no en paz romana esclava
con todos los deseos, alerta:
grito en la lira apolínea.

Yo me voy a la mar de junio
a la mar, niña
por sal, saladita...
        ¡Qué dulce!

DE LA CASA DEL SILENCIO

(1916)

AUNQUE FALTE A TU VIDA...

Aunque falte a tu vida la paz, y la alegría
nunca te sonriese sobre el camino adverso,
que llene tu existencia siempre la poesía
como ha de rebosar el molde de tu verso.

Con los ojos cerrados busca el mundo en ti mismo;
la mujer que no has visto, la ciudad que no existe;
y, al abrirlos, tus ojos verán en espejismo
aparecer la vida como tú la quisiste.
No sentiríamos nada de nuestro ser distinto,
y todo será unánime, el gusano y la flor;
y viviremos siempre sin salir del recinto
de la luz que proyecta nuestro sueño interior.

No cegará tus ojos el esplendor del mundo,
y pasarás, sonámbulo, absorto en tu universo,
mientras late tu alma en el ritmo profundo
que toma de la vida el alma de tu verso.

Nada sobre la tierra te será indiferente;
mirarás a las cosas con mirada segura;
serás luna en la luna que baja hasta la fuente,
serás llama en la llama que sube hasta la altura.

Sólo sabrás dos cosas: de amor y de belleza.
Lo demás... nada importa. Toda la vida es
amar; sentir lo bello; tener una tristeza
para que un alma hermana nos la cure después.

LA ETERNA CANCION

Vuelve otra vez, tenaz, y se reanima
el noble afán y la secreta queja,
y bajo un ansia de piedad, me deja
en la paz de la noche que declina.

Y canta en mí con su pasión divina
la canción de la hora que se aleja:
es la de ayer —canción ingenua y vieja
que con mi vida, sin querer, se anima.

Y a mí se llega cuando todo duerme,
y ante el anhelo y la esperanza inerme
no cesa de decirme lo que he sido.

Y el tardo sueno y el remoto envite,
y hasta la misma vida, me repite
la canción de las horas que he vivido.

A UNAS MANOS

Yo sé de unas manos místicas y finas
que el sagrado signo saben de la cruz
y formar podrían, como las ondinas,
con rayos de luna, guirnaldas de luz.

Yo sé de unas manos que junto a las rosas
—al verlas posadas sobre los rosales—
diríanse leves, blancas mariposas
que aman los perfumes y aman los panales.

¡Manos que atesoran virtudes sutiles!
¡Manos que rebosan blanda unción materna!
¡Adunan sus dedos, llenos de perfiles,
la divina gracia con la gracia eterna!

Manos que, al milagro de su privilegio,
lo que ya era bueno tornaron mejor;
¡al mágico influjo de su sortilegio
se cerró la abierta flor de mi dolor!

¡Oh manos piadosas, tan llenas de dones,
que al donaire unen aroma de flor,
y consustanciales son de corazones
que sienten por todas las cosas amor!

¡Manos que atesoran virtudes sutiles!
¡Manos que rebosan blanda unción materna!
¡Adunan sus dedos, llenos de perfiles,
la divina gracia de la gracia eterna!

OFRENDA

Vuelve. Ven. Y recoge tus ensueños dispersos
en Otoño maduran las uvas y los versos.

Llegará a ti la rima del último soneto:
un tono de amatista... atardecer discreto...

Las rosas que yo amo son rosas de amatista:
no tienen de frescura matinal ni una arista.

Pero han vivido en hora de gloria del Otoño:
cercanas del crepúsculo, lejanas del retoño.

Sobre los graves árboles frutales hay festines
de pájaros; y hay melancólicos jardines.

Jardines de silencio, y una tan plena vida
que de vivir se goza, y de vivir se olvida.

Vuelve. Ven. Y recoge tus ensueños dispersos:
te ofrendaré maduras mis uvas, y mis versos.

OJOS VERDES

Si sabes el secreto de su glauca pupila
que se inflama en la sombra con un verde temblor,
dirás que un ángel malo en su fondo vigila
con la mirada hipnótica del sulfúreo color.

Si sabes el secreto de su alma, toda amor,
donde vaga el ensueño como en agua tranquila,
dirás que en sus pupilas de sombrío verdor
hay fulgores de halo y tristeza de esquila.

Yo he visto, en el misterio de su mirada pura,
la escala de Jacob tendida hacia la altura,
con albos serafines, como en el sueño aquél.

Y el ángel de su guarda —Narciso enamorado—,
en sus ojos extraños lo he visto ensimismado
tan bello y rutilante como fuera Luzbel.

SONETO FINAL

Quise encarnar mi ansia en una sola rosa;
en una forma altiva florecer en belleza;
que tuviera un anhelo sutil de mariposa,
y que fuera la gracia blasón de su nobleza.

Pero en mi vida nada se acerca ya a la rosa:
ni un tono, ni un matiz. ¡Oh la otoñal tristeza
que idealizó el ambiente, y ha puesto en cada cosa
el alma pensativa que dentro de mí reza...!

Se acerca del rosal la nueva florescencia;
pronto la primavera ha de verter su esencia
mostrándose fecunda la savia en el retoño.

Mientras llega, da al viento su exquisita elegancia
la rosa pensativa de mística fragancia
que perfumó escondida mi vieja alma de Otoño.

BIBLIOGRAFIA

La Casa del Silencio (García y Galo Sáez). Madrid, 1916.

Quelques Poëmes (Traduits de l'espagnol par Francis de Miomandre et Paul Werrie). Bruxelles, 1925.

Poemas en Menguante (Le Moil et Pascaly). Paris, 1928 (L'Artesan du Livre).

El Cementerio Marino (poema de Paul Valéry; versión castellana de Mariano Brull). Paris, 1930.

Canto Redondo (G. L. M.). Paris, 1934.

Poëmes (Traduits par Mathilde Pomès et Edmond Vandercammen. Préface de Paul Valéry. Les Cahiers du Journal des Poètes). Bruxelles, 1939.

Sólo de Rosa. La Habana, 1941.

La Jeune Parque y *La Joven Parca* (Poëme de Paul Valéry. Versión de Mariano Brull). Paris, 1950

(Otra edición: *La Joven Parca*. Paul Valéry. Prólogo y traducción de Mariano Brull. La Habana, 1949.)

Temps en Peine (Tiempo en Pena) (Traduction de Mathilde Pomès). Bruxelles, 1950.

Rien Que... (Nada Más Que...) (Traduction par E. Noulet). Paris, 1954.

Se terminó de imprimir
esta obra el día 15
de Septiembre de 1976